Where's Sam? アクティビティブック できたね！シール

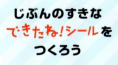
じぶんのすきな
できたね！シールを
つくろう

JN172359

Where's Sam?

アクティビティブック

● Activity Book ●

Written by
Patricia Daly Oe
Mari Nakamura

········· **はじめに** ·········

さっきまでいたのにサムはどこへ行っちゃったの？ お母さんと仲良し兄弟たちは家のあちこちを探しまわります。無事にサムを見つけ出すことができるでしょうか？ 楽しいアクティビティを通して数や部屋の名前、場所を尋ねるフレーズを学びましょう。

Sam the snake is missing. His mom, brothers and sisters gather to look for him. Will you be able to help find and rescue Sam with the family? With a fun story accompanied by a simple song and rhythm reading, this activity book lets children learn some room and furniture vocabulary and how to ask where someone is.

もくじ　Table of contents

ことばをまなぼう

えじてん … 4
Picture dictionary
絵本に出てくる単語を練習します。

シールをはろう … 6
Fun with stickers
何の絵か考えてシールを貼ります。

さがそう … 7
Search for the pictures
イラストを見て、絵を探し、文字をなぞります。

なぞろう … 8
Trace letters
絵本に出てくることばの文字をなぞります。

せんでむすんでなぞろう … 9
Connect with lines and trace
絵と英語を線で結び文字をなぞります。

あたらしいことばをおぼえよう … 10
Learn more words
シールを貼って、新しいことばに親しみます。

かんがえよう

なにかな？ … 12
What are they?
色を塗り、かくれている絵を探します。

みつけてなぞろう … 13
Find and trace
絵を見つけて、文字をなぞります。

いくつあるかな？ … 14
How many?
家の中のものを数えます。

おもいうかべよう … 16
Imagine
知識と想像力をはたらかせて絵を描きます。

つくろう

ぬりえをしよう … 17
Enjoy coloring
好きな色で塗り絵をします。

つくろう … 18
Create your own picture
切って貼って、オリジナルの絵を作ります。

あそぼう

ごっこあそびをしよう … 21
Role-playing
想像力をはたらかせて会話を楽しみます。

ボードゲームをしよう … 22
Play a board game
ボードゲームをみんなで楽しみます。

カード … 25
Cards
ゲームに使うこまやサイコロ、絵カード

シール
Stickers
6ページ、10ページ、11ページ用のシールとできたね！シール

アクティビティブックについて

このアクティビティブックは
絵本 **Where's Sam?**（別売り）に対応しています。
アクティブ・ラーニングの概念に沿った「学ぶ」「考える」「創作する」「遊ぶ」の
4つのカテゴリーで英語力と思考力、クリエイティビティ、協調性を育みます。

This activity book is based on the picture book "Where's Sam?".
The activities in the four active learning categories of "learning", "thinking", "creating" and "playing" foster
abilities in English language, thinking, creativity and collaboration through observation, word puzzles,
chants, stickers, simple crafts and games.

ことばをまなぼう
Let's Learn

絵本に出てくる単語や関連する新しいことば
をチャンツ、シール貼り、線結びなどを通し
て学びます。ここで楽しく身につけた語彙力
が次からの活動の基礎となります。

かんがえよう
Let's Think

仲間分けや身近な場所、身の回りを観察す
るアクティビティを通して思考力を養います。
答えが決まっていない活動は、子どもの自主
性や自由な発想も養います。

つくろう
Let's Create

色塗りやシンプルな工作に取り組み、出来上
がったものを英語で表現します。その過程で
子どもは、創意工夫する喜びや表現する楽
しさを経験し、創造力を身につけていきます。

あそぼう
Let's Play

ごっこあそびやボードゲームを通して、想像力
や協調性を養います。また、これまでに習っ
た英語を遊びを通して使うことにより「英語
ができる！」という自信を育みます。

アクティビティブックの効果的な使い方

1 まず、対応の絵本、DVDでストーリーを楽しみましょう。そのあとにこのアクティビティ
ブックに取り組むと、学習効果がアップします。

2 アクティビティは、一度にたくさん進めるよりも、少しずつ楽しみながら取り組んでいきま
しょう。上手にできたら **できたな！シール** を貼って、ほめてあげましょう。

3 このアクティビティブックの4～5ページ、10～11ページのチャンツはアプリで聴けますので、
繰り返し聞いて英語の音やリズムを体で覚えていきましょう。（アプリの使い方は、24ペー
ジをご覧ください。）

指導者の方へ
教室では、一人一人の個性的な表現を尊重し、違い
を認め合う雰囲気で活動を進めましょう。生徒が絵や
作品について日本語で話した時は、それを英語に直
して語りかけたり、その英語をリピートするように促
したりして、英語を話せるように導きます。

保護者の方へ
絵本の世界を味わいながら、ゆったりとした気分で進
めていきましょう。この本には、子どもの自由な表現
を促す、答えが決まっていない活動も多く含まれて
います。 **取り組みのヒント** を参考に、子どもと一
緒に伸び伸びと英語の探索を楽しみましょう。

3

えじてん
Picture dictionary

チャンツのリズムにのって、たんごをいいましょう。
Chant the words.

えじてんのえカード（p.25-29）であそびましょう。
Play with the picture cards on pages twenty-five to twenty-nine.

🎵 スマートフォンをかざして
チャンツをききましょう
Listen to the chant with a smart phone.

できたね！シール
sticker

1. snake
2. bathroom
3. bedroom
4. one two three four five / six seven eight nine ten
5. bathtub
6. living room
7. closet
8. kitchen

ことばをまなぼう **Let's Learn**

9 cap
10 bite
11 tail
12 pipe
13 listen
14 yard
15 in
16 where

取り組みのヒント
Learning Tips

チャンツを聴き、絵を指さしながら単語をリピートしましょう。音声を再生できない場合には、単語を読んであげてください。アクティビティをする前にチャンツの練習をすると、楽しみながら身につけることができます。また、25〜29ページの絵カードを使って仲間探しをしたり、裏返して「○○○カードはどれでしょう」とクイズをしたり、メモリーゲームをしたり、いろいろなアクティビティを楽しめます。

Children listen to the chant, look for the pictures and repeat the words. If you cannot listen to the audio, please read the words to the children. Learning will be fun if you repeat the chant each time before doing the activities. By using the picture cards on pages 25 to 29, you can enjoy activities like memory games and quizzes. (For example, pick up the card with the word ○○○.)

5

シールをはろう
Fun with stickers

みえているえがどのへやかかんがえて、シールをはりましょう。
Find and place the stickers.

できたね！
シール
sticker

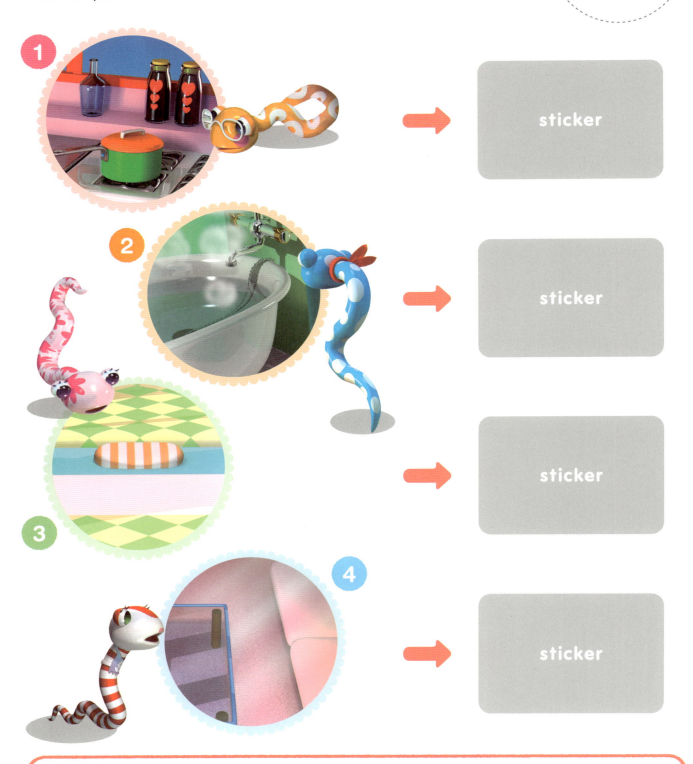

取り組みのヒント
Learning Tips

シールを貼る時には、一緒に英語を言ってみましょう。
Say the words together as children put the stickers in place.

ことばをまなぼう Let's Learn

さがそう
Search for the pictures

できたね！
シール
sticker

ヘビたちはどのへやにいるかな？
ばんごうをそれぞれのヘビのとなりの □ にかき、もじをなぞりましょう。
Find and write the numbers in the □.
Then trace the words.

✏️ なぞる

1

in the bedroom

2

in the living room

3

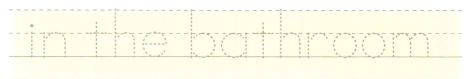
in the bathroom

4

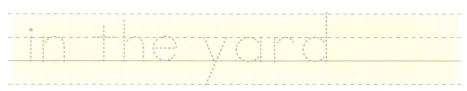
in the yard

取り組みのヒント Learning Tips

Where's the yellow snake? In the bathroom! のように言って、英語表現を楽しみましょう。

Enjoy saying sentences like "Where's the yellow snake?"…"In the bathroom!" while doing the activity.

7

なぞろう
Trace letters

えいごをいってなぞりましょう。
Say the words and trace.

できたね!
シール
sticker

 なぞる

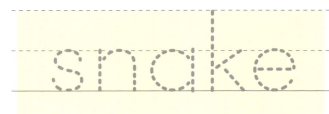

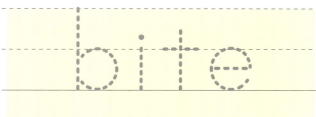

取り組みのヒント Learning Tips

なぞる前となぞった後に、英語を言ってみましょう。
Say the words in English before and after tracing them.

せんでむすんでなぞろう
Connect with lines and trace

えとえいごをせんでむすび、もじをなぞりましょう。
Connect the picture with the word and trace.

できたね！
シール
sticker

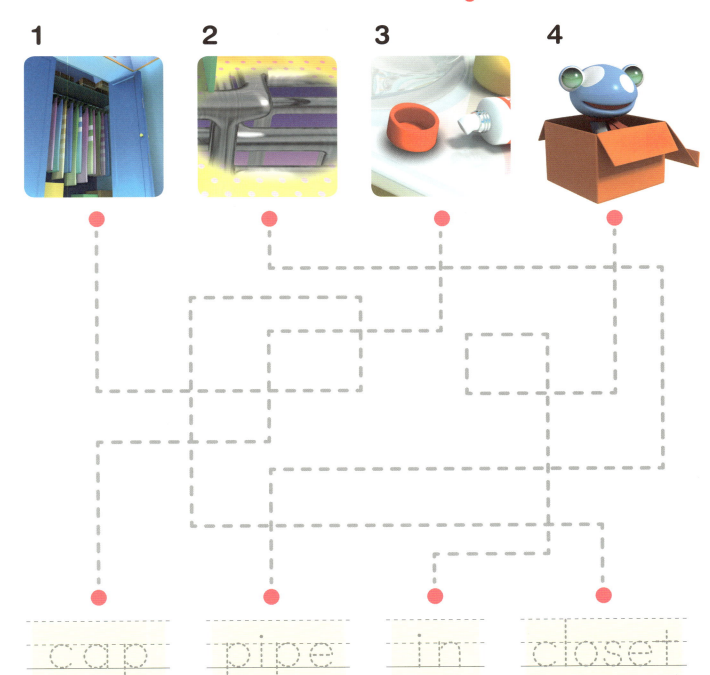

取り組みのヒント Learning Tips

英語を読めない子どもには、読んであげましょう。
Please read the words to children who cannot read.

あたらしいことばを おぼえよう
Learn more words

あたらしいことばの スマートフォンをかざして チャンツをききましょう
Listen to the chant with a smart phone.

できたね！
シール
sticker

ほかにどんなことばがあるかな？
シールをはって、えカード（p.25-31）であそびましょう。
Find and place the stickers. Play a game with the picture cards on pages twenty-five to thirty-one.

bathroom　　**toothbrush**　　**toothpaste**

bedroom　　**pillow**　　**blanket**

kitchen　　**plate**　　**glass**

ことばをまなぼう **Let's Learn**

living room　　sofa　　TV

yard　　grass　　lamp

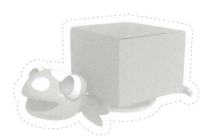

in
(the box)

on
(the box)

under
(the box)

取り組みのヒント Learning Tips

絵本に出てこない身近なことばを練習してみましょう。それぞれどんな仲間でしょうか。新しい単語はチャンツで聴くことができます。25〜31ページに絵カードがありますので、一人が単語を言って、もう一人がカードを取るような遊びをしてみましょう。

Let's practice some other words related to the words in the story. How are they connected? You can listen to the chants for pronunciation. You can use the picture cards on pages 25 to 31 to play a simple game where one person says a word and the other person finds the matching card.

11

なにかな？
What are they?

Bにあお、Pにピンク、Rにあか、Yにきいろをぬりましょう。
ヘビのうしろから、なにのえがでてくるかな？ ぬけているもじをかいて、たんごをかんせいさせましょう。ヒントはしたにあるよ。
B=blue　P=pink　R=red　Y=yellow
What are the pictures behind the snakes? Choose the words from the Hints and write the letters.

できたね！
シール
sticker

B=**blue**　P=**pink**　R=**red**　Y=**yellow**

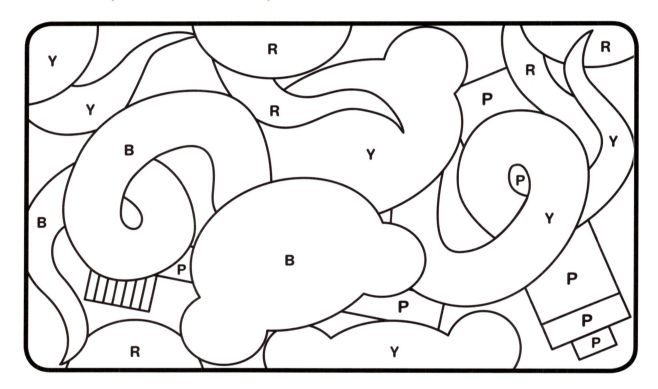

t _ _ thbru _ _ 　　 _ oo _ _ pa _ e

Hints　toothbrush　glass　plate
　　　　blanket　pillow　toothpaste

 取り組みのヒント Learning Tips

指示通りに色を塗ると、２つの絵が出てきます。絵が出てきたら、ヒントを参考に単語を完成させ、言ってみましょう。

When the parts of the picture are colored in as indicated. two pictures are revealed. Say what they are together. Write the letters.

かんがえよう **Let's Think**

みつけてなぞろう
Find and trace

ヘビはどこにいるかな？
ヘビのいるばしょにあうえいごをえらび □ に ○ をつけ、
もじをなぞりましょう。

Find the correct phrase, mark it with a circle in the □ and then trace the words.

できたね！
シール
sticker

□ *in the glass*
□ *under the glass*

 ········· 🖍 なぞる

□ *under the TV*
□ *on the TV*

□ *on the sofa*
□ *under the sofa*

取り組みのヒント
Learning Tips

このアクティビティをする前に、11ページを見て in、on、under の復習をし、Where's the green snake? Under the sofa! のように会話をしながらすすめましょう。全部できたらアクティビティブックを閉じて、どのヘビがどこにいるか、同じQ&Aでクイズを楽しむこともできます。

Before starting this activity, reviews the words in, on, and under on page 11. Continue with the activity by having a conversation such as "Where's the green snake?" ... "Under the sofa!" After finishing you can also enjoy a quiz by closing the activity book and asking where each snake is.

13

いくつあるかな？
How many?

 いくつあるかかぞえて ☐ にかずをかきましょう。
Find the items and write the number of each in the ☐.

できたね！
シール
sticker

| TV | pillow | sofa | toothbrush | toothpaste |

 絵を数える時は英語で言いましょう。1から10の発音は、えじてんのチャンツで練習できます。
Count how many items there are in English. You can listen to the chants for pronunciation of the numbers 1-10 on pages 4 to 5.

かんがえよう **Let's Think**

2 おうちにはいくつあるかな?
かずを☐にかいて、それぞれひとつずつえをかきましょう。
How many of these items can you find in your home?
Write the number in the ☐ and draw a picture of the item.

できたね!
シール
sticker

toothbrush

TV

pillow

sofa

toothpaste

取り組み のヒント Learning Tips

お家にあるものを見て絵を描き、英語で数えてみましょう。What color is your toothbrush? Blue. のような会話も楽しみましょう。

Children count the number of items they have at home and draw one picture of each item. After drawing, enjoy a conversation such as, " What color is your toothbrush?"..."Blue."

15

おもいうかべよう
Imagine

どうぶつたちは、どんなしっぽをしているかな？ しっぽのえをかきましょう。
What kind of a tail do these animals have? Add the tails.

できたね！
シール
sticker

snake

rabbit

fish

pig

squirrel

取り組み
のヒント
Learning Tips

子どもが自由にしっぽを描きます。What a lovely tail!（かわいいしっぽね）、I like your rabbit's tail.
（うさぎのしっぽが気に入ったわ）などと声かけをしましょう。絵を描いたあとに図鑑やウェブサイトなど
で調べてみても楽しめます。

Children should draw the kind of tail that they imagine. Encourage children with comments
such as "What a lovely tail!" or "I like your rabbit's tail." Enjoy researching the tails of animals
afterwards in books or on the Internet.

つくろう **Let's Create**

ぬりえをしよう
Enjoy coloring

すきないろでぬりましょう。
Color the picture.

できたね！
シール
sticker

取り組みのヒント Learning Tips

色を塗ったら、英語で言えるものを一緒に探して言ってみましょう。
After children have colored in the picture. search for words together that they can say in English.

17

つくろう
Create your own picture

かわいいヘビをつくろう。
みぎのページにあるパーツをきってはりましょう。いろをぬってもいいよ。

Design a snake. Make the design by choosing the items from the next page. Cut and paste. Color the picture.

できたね！
シール
sticker

取り組みのヒント Learning Tips

19ページの絵を切り離して、このページに並べて貼って、ヘビを作りましょう。キャラクターのように名前もつけると楽しいですね。

After cutting out the items on page 19, have children choose the items that they like and make a snake design. It would be fun to give the snake a name, like a character.

つくろう Let's Create

8 cut きる

あそぼう **Let's Play**

ごっこあそびをしよう
Role-playing

えをみてまねをしましょう。
Look at the pictures and practice.

できたね！
シール
sticker

あたらしいおとこのこのヘビのキャラクターをかんがえて、テレビのうえにえをかきましょう。
＿＿＿＿＿ にキャラクターのなまえをかいて、かいわをれんしゅうしましょう。
Create a new snake friend for Sam and draw him on the TV. Fill in his name in the question, and practice the conversation.

取り組みのヒント Learning Tips
下の会話では、オリジナルのヘビを考えて絵を描き、名前も決めて英語を言います。ヘビの名前を書くのが難しい時は、一緒に考えて書きましょう。応用として、画用紙などに絵や文も考えてかいてみましょう。
In the second conversation, children imagine an original snake, draw a picture, decide the name and write it in English. Think of how to spell the name together with the child, if necessary. If this activity goes well, the child can think about drawing other pictures and writing sentences on drawing paper.

21

ボードゲームをしよう
Play a board game

 4にんまであそべます
25ページのこま、サイコロをつかいます。
Use the pieces on page 25.

Samがどこにいるかさがす、すごろくゲームです。
- じゅんばんにサイコロをふって、サイコロのかずだけすすみます。
- とまったマスのえをみて、Samがいるばしょをいいます。
- Ssss! にとまったら"Ssss!"といって、ヘビのしっぽのマスからあたまのマスまですすみ、そのマスのえをみてSamがいるばしょをいいます。
- Help! にとまったら、"Help!"といって、パイプのつながっているマスまでもどり、そのマスのえをみてSamがいるばしょをいいます。
- Samがいるばしょをいうときは、"He's in the kitchen.""He's under the box."のようにいいます。
- いちばんはやくFINISHにたどりついたひとがかちです！

あそぼう **Let's Play**

- Put the game markers at "START". Roll the dice in turn. Go forward the number of spaces shown on the dice.
- Say where Sam is in the space that you stop at ("He's in the kitchen." "He's under the box.")
- When you land on the tail of a snake, say "Ssss!" and go up to its head and say where Sam is.
- If you land on the upper end of a pipe, say "Help!" and go down to the space at its lower end and say where Sam is.
- The winner is the one who reaches "FINISH" first.

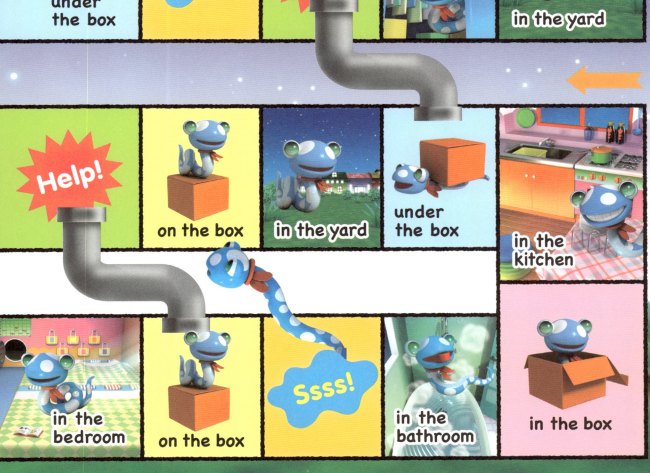

アプリの使い方

「スマートフォンをかざしてチャンツをききましょう」「あたらしいことばのスマートフォンをかざしてチャンツをききましょう」のページ（p.4-5、10-11）では、英語の音声を聴くことができます。
以下の方法で、お手持ちのスマートフォンやタブレットにアプリ（無料）をダウンロードしてご使用ください。

アプリダウンロード方法

オトキコ

お持ちのスマートフォンやタブレットで下記のQRコードを読み込んでください。
※ QRコードリーダーをインストールされている方

iphone、iPadをお使いの方

Android端末をお使いの方

または

AppStore／Googleplayで検索の枠に『mpi オトキコ』と入力して検索をしてください。

※ iphone、iPad、AppStore、MacOS は、米国およびその他の国々で登録された Apple Inc. の商標または登録商標です。
※ Android、Googleplay は、Google Inc. の商標または登録商標です。

●著者紹介

Patricia Daly Oe（大江 パトリシア）

イギリス、ケント州出身。日本の英語教育に従事するかたわら、数多くの紙芝居と絵本を創作。著書に『Peter the Lonely Pineapple』『Blue Mouse, Yellow Mouse』『Lily and the Moon』などがある。英会話を教えていて、英語の先生のためのワークショップを開催しながら、ナレーションの活動や子供のイベントなどもしている。

Patricia Daly Oe is a British picture book author and teacher who also enjoys giving presentations, and holding events for children.

公式ホームページ ● http://www.patricia-oe.com

中村 麻里

金沢市にて英会話教室イングリッシュ・スクエアを主宰。幼児から高校生の英語指導にあたるかたわら英語教材、絵本の執筆、全国での講演にたずさわり、主体性や表現力など21世紀型スキルを伸ばす指導法の普及につとめている。イギリス・アストン大学TEYL（Teaching English to Young Learners）学科修士課程修了。2013年 JALT学会 Best of JALT（ベスト・プレゼンター賞）受賞。

Mari Nakamura is a school owner, teacher trainer and ELT materials writer who loves good stories and playing with children.

公式ホームページ ● http://www.crossroad.jp/es/

Where's Sam? アクティビティブック

発行日　2017年9月27日　初版第1刷
　　　　2022年1月31日　　　第3刷

執　筆	Patricia Daly Oe / Mari Nakamura
イラスト	松林 あつし
デザイン	柿沼 みさと、島田 絵里子
協　力	mpi English School 本部校
英文校正	Glenn McDougall
編　集	株式会社 カルチャー・プロ
音　楽	株式会社 Jailhouse Music
プロデュース	橋本 寛
録　音	株式会社 パワーハウス
ナレーション	Rumiko Varnes
印　刷	シナノ印刷株式会社
発　行	株式会社mpi松香フォニックス 〒151-0053 東京都渋谷区代々木 2-16-2 第二甲田ビル2F fax 03-5302-1652 URL　https://www.mpi-j.co.jp

不許複製　All rights reserved.
©2017 mpi Matsuka Phonics inc.
ISBN978-4-89643-691-4

[22〜23ページ ボードゲーム]　　どうぶつのこま、サイコロをきりはなしましょう。

- こま
  markers

- サイコロ
  dice

サイコロのつくりかた

1. せんにそって、はさみできります。
2. せんをやまおりします。
3. glueにのりをぬります。

✂ cut きる
glue はる
fold やまおり

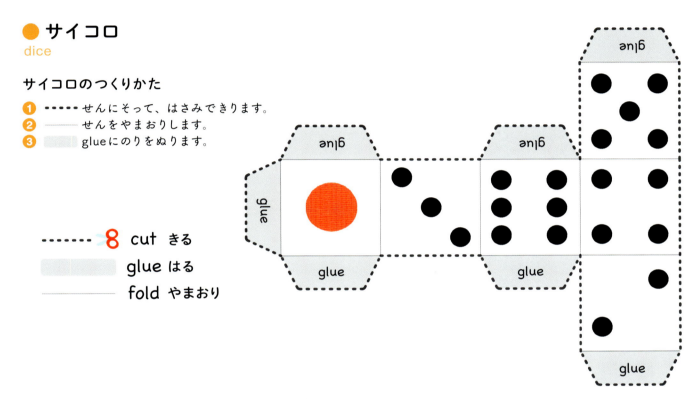

[4〜5/10〜11ページ　えカード]

ごうけい39まい（よび2まい）

Picture cards for pages 4-5 and 10-11
39 cards (with 2 extras)

snake

bathroom

bedroom

Where's Sam? Where's Sam? Where's Sam? Where's Sam?
Where's Sam? Where's Sam? Where's Sam? Where's Sam? Where's Sam?
Where's Sam? Where's Sam? Where's Sam? Where's Sam?
Where's Sam? Where's Sam? Where's Sam? Where's Sam?
Where's Sam? Where's Sam? Where's Sam? Where's Sam? Where's Sam?
Where's Sam? Where's Sam? Where's Sam? Where's Sam?
Where's Sam? Where's Sam? Where's Sam? Where's Sam?
Where's Sam? Where's Sam? Where's Sam? Where's Sam? Where's Sam?
Where's Sam? Where's Sam? Where's Sam? Where's Sam?
Where's Sam? Where's Sam? Where's Sam? Where's Sam?
Where's Sam? Where's Sam? Where's Sam? Where's Sam? Where's Sam?
Where's Sam? Where's Sam? Where's Sam? Where's Sam?
Where's Sam? Where's Sam? Where's Sam? Where's Sam?
Where's Sam? Where's Sam? Where's Sam? Where's Sam? Where's Sam?
Where's Sam? Where's Sam? Where's Sam? Where's Sam?
Where's Sam? Where's Sam? Where's Sam? Where's Sam?
Where's Sam? Where's Sam? Where's Sam? Where's Sam? Where's Sam?
Where's Sam? Where's Sam? Where's Sam? Where's Sam?
Where's Sam? Where's Sam? Where's Sam? Where's Sam?
Where's Sam? Where's Sam? Where's Sam? Where's Sam? Where's Sam?
Where's Sam? Where's Sam? Where's Sam? Where's Sam?
Where's Sam? Where's Sam? Where's Sam? Where's Sam?
Where's Sam? Where's Sam? Where's Sam? Where's Sam? Where's Sam?
Where's Sam? Where's Sam? Where's Sam? Where's Sam?
Where's Sam? Where's Sam? Where's Sam? Where's Sam?
Where's Sam? Where's Sam? Where's Sam? Where's Sam? Where's Sam?
Where's Sam? Where's Sam? Where's Sam? Where's Sam?
Where's Sam? Where's Sam? Where's Sam? Where's Sam?
Where's Sam? Where's Sam? Where's Sam? Where's Sam? Where's Sam?
Where's Sam? Where's Sam? Where's Sam? Where's Sam?
Where's Sam? Where's Sam? Where's Sam? Where's Sam?
Where's Sam? Where's Sam? Where's Sam? Where's Sam? Where's Sam?
Where's Sam? Where's Sam? Where's Sam? Where's Sam?
Where's Sam? Where's Sam? Where's Sam? Where's Sam?
Where's Sam? Where's Sam? Where's Sam? Where's Sam? Where's Sam?
Where's Sam? Where's Sam? Where's Sam? Where's Sam?
Where's Sam? Where's Sam? Where's Sam? Where's Sam?
Where's Sam? Where's Sam? Where's Sam? Where's Sam? Where's Sam?
Where's Sam? Where's Sam? Where's Sam? Where's Sam?
Where's Sam? Where's Sam? Where's Sam? Where's Sam?
Where's Sam? Where's Sam? Where's Sam? Where's Sam? Where's Sam?
Where's Sam? Where's Sam? Where's Sam? Where's Sam?
Where's Sam? Where's Sam? Where's Sam? Where's Sam?
Where's Sam? Where's Sam? Where's Sam? Where's Sam? Where's Sam?
Where's Sam? Where's Sam? Where's Sam? Where's Sam?
Where's Sam? Where's Sam? Where's Sam? Where's Sam?
Where's Sam? Where's Sam? Where's Sam? Where's Sam? Where's Sam?
Where's Sam? Where's Sam? Where's Sam? Where's Sam?
Where's Sam? Where's Sam? Where's Sam? Where's Sam?
Where's Sam? Where's Sam? Where's Sam? Where's Sam? Where's Sam?
Where's Sam? Where's Sam? Where's Sam? Where's Sam?
Where's Sam? Where's Sam? Where's Sam? Where's Sam?
Where's Sam? Where's Sam? Where's Sam? Where's Sam? Where's Sam?
Where's Sam? Where's Sam? Where's Sam? Where's Sam?

pillow 	blanket 	plate 
glass 	sofa 	TV 
grass 	lamp 	on (the box) 
under (the box)